Math in Focus

Matemáticas de Singapur de Marshall Cavendish

Libro del estudiante
Kindergarten Ⓐ
Parte 1

Autora
Dra. Pamela Sharpe

Asesores de Estados Unidos
Andy Clark y Patsy F. Kanter

Marshall Cavendish
Education

Distribuido por

HOUGHTON MIFFLIN HARCOURT

COMMON CORE

© 2012 Marshall Cavendish International (Singapore) Private Limited

Published by Marshall Cavendish Education
An imprint of Marshall Cavendish International (Singapore) Private Limited
Times Centre, 1 New Industrial Road, Singapore 536196
Customer Service Hotline: (65) 6213 9444
E-mail: tmesales@sg.marshallcavendish.com
Website: www.marshallcavendish.com/education

Distributed by
Houghton Mifflin Harcourt
222 Berkeley Street
Boston, MA 02116
Tel: 617-351-5000
Website: www.hmheducation.com/mathinfocus

English Edition 2009
Spanish Edition 2012

Math in Focus® Kindergarten A Part 1
ISBN 978-0-547-58236-8

Printed in Singapore

6 7 8 9 10   1401   17 16 15 14 13
4500452928   A B C D E

Contenido

Lección 1 **Todo sobre el 1 y el 2**

Recita.

Dos papas grandes se cruzaron en la vía.
Se saludaron con respeto y cortesía.
¿Cómo está usted? ¡Tenga buen día!
Eso decían y repetían con alegría.

Dos habichuelas verdes se cruzaron en la vía
Se saludaron con respeto y cortesía.
¿Cómo está usted? ¡Tenga buen día!
Eso decían y repetían con alegría.

Empareja.

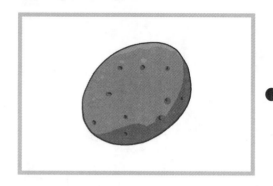 • •

 • •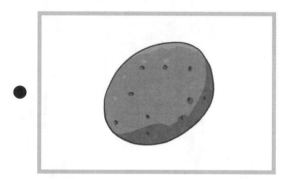

Traza.

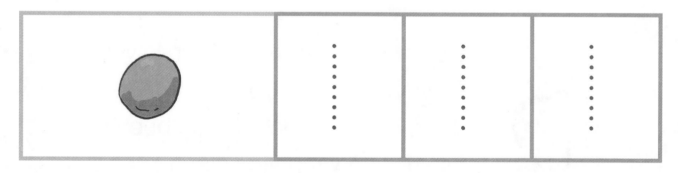

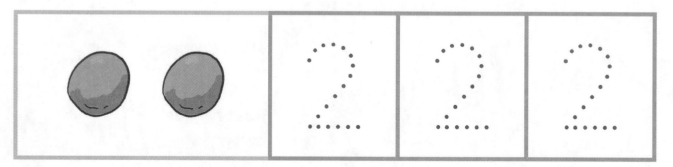

Cuenta y escribe.

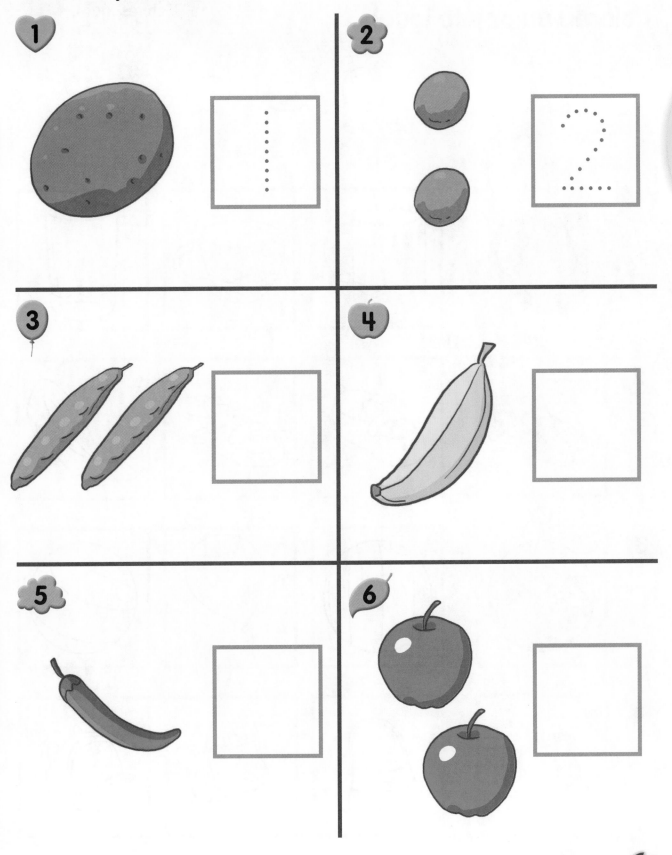

1

2

3

4

5

6

Lección 2   Hallar las parejas

Colorea un objeto igual.

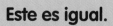 Este es igual.

 1

 2

 3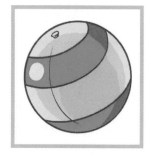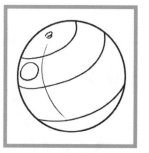

 4

Encierra en un círculo los grupos de 2.

Dibuja un objeto igual.

Este es igual.

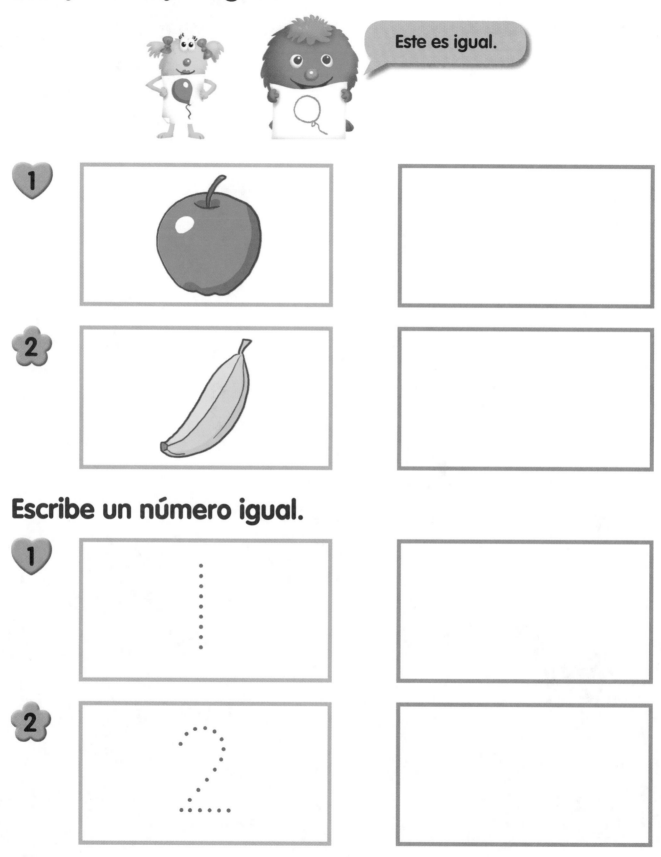

Escribe un número igual.

Dibuja un objeto diferente.

Este es diferente.

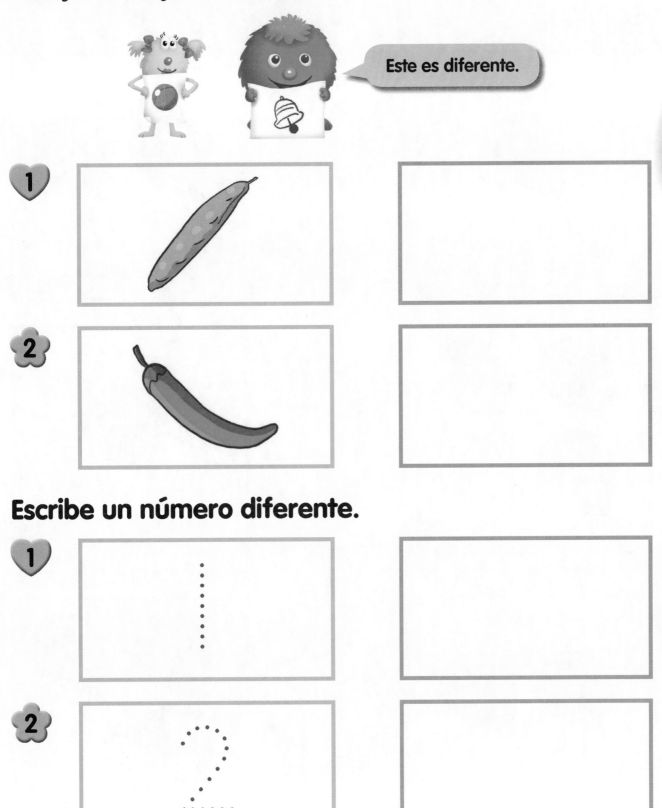

Escribe un número diferente.

No es igual, es diferente: Todo sobre el 3

Empareja.

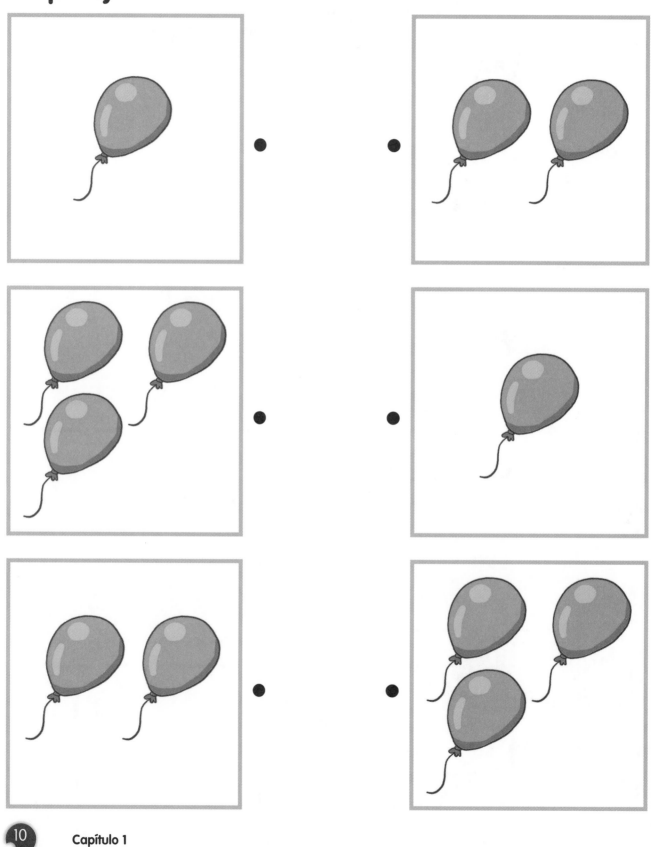

Traza.

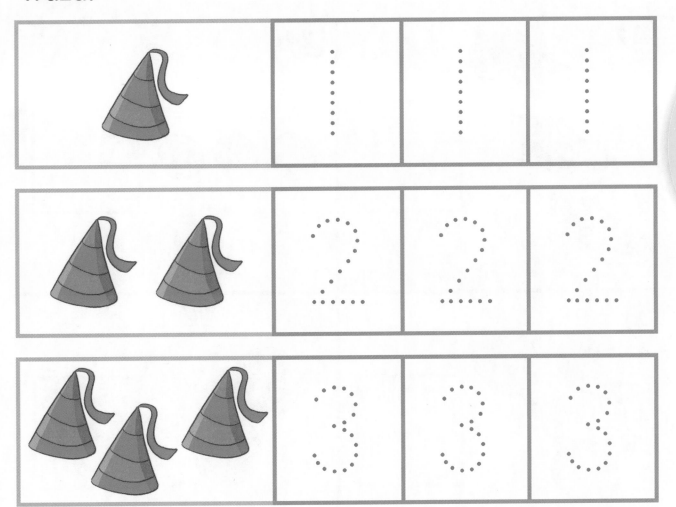

Mira y comenta.

Cuenta y escribe.

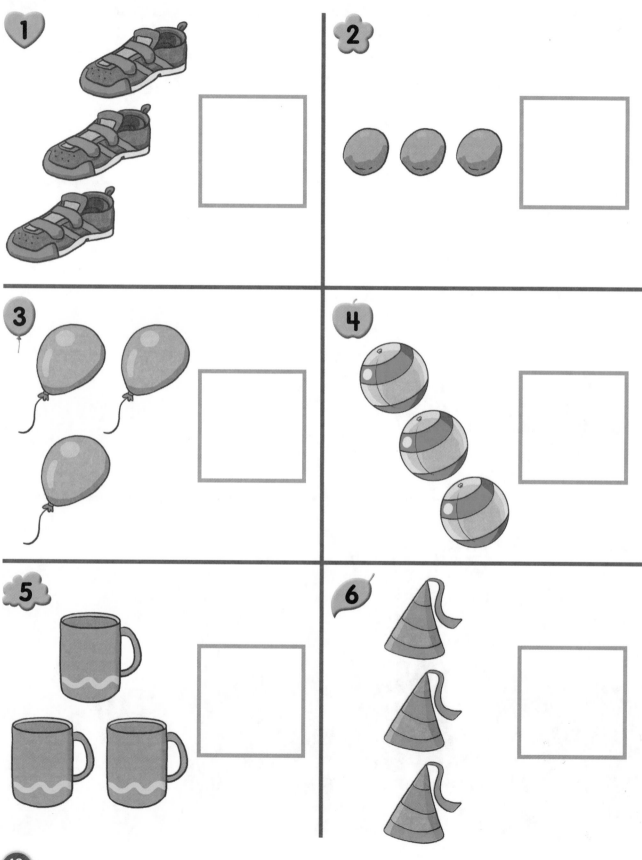

¿Por qué es diferente? Todo sobre el 4

Mira y comenta.

Empareja.

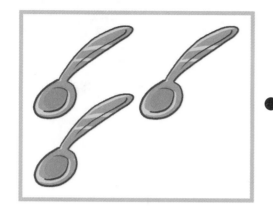

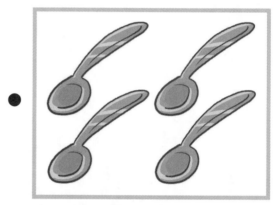

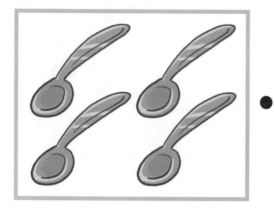

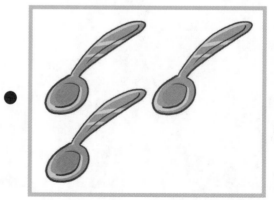

Traza.

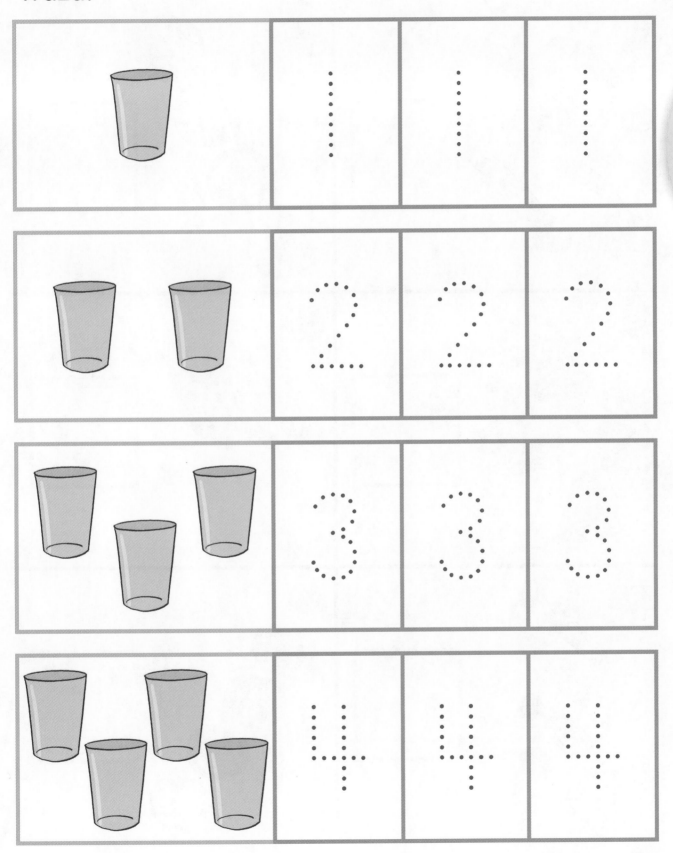

Cuenta y escribe.

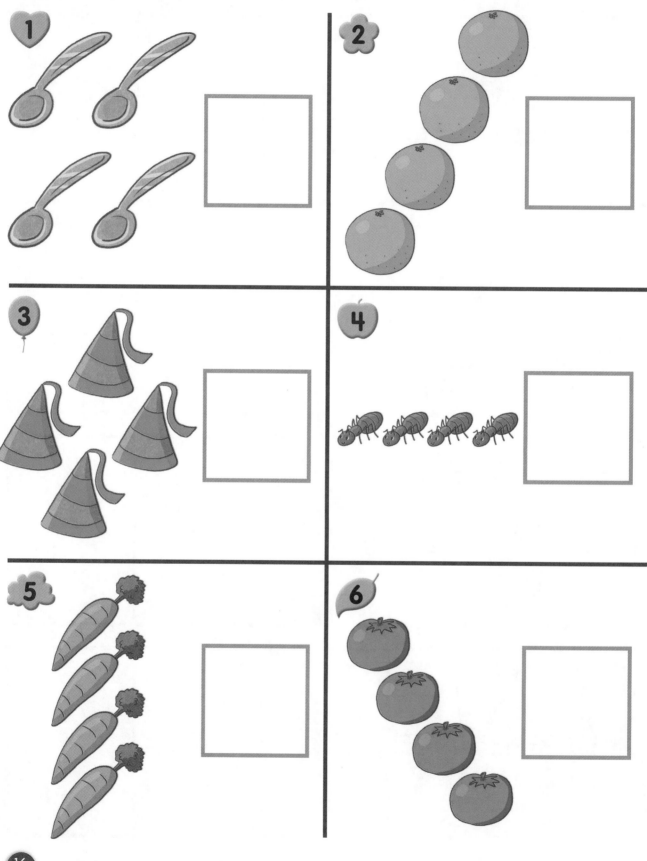

Mira y gana.

Mira la ilustración que tu maestro está mostrando.

1

4

2

3

Mira y comenta.

Dibuja un animal imaginario.

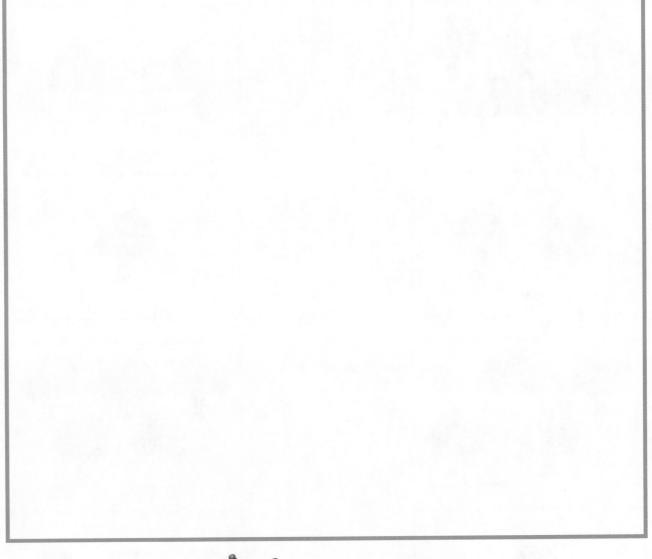

Mi animal tiene...

Empareja.

 •

•

 •

•

 •

•

 •

•

 •

•

Traza.

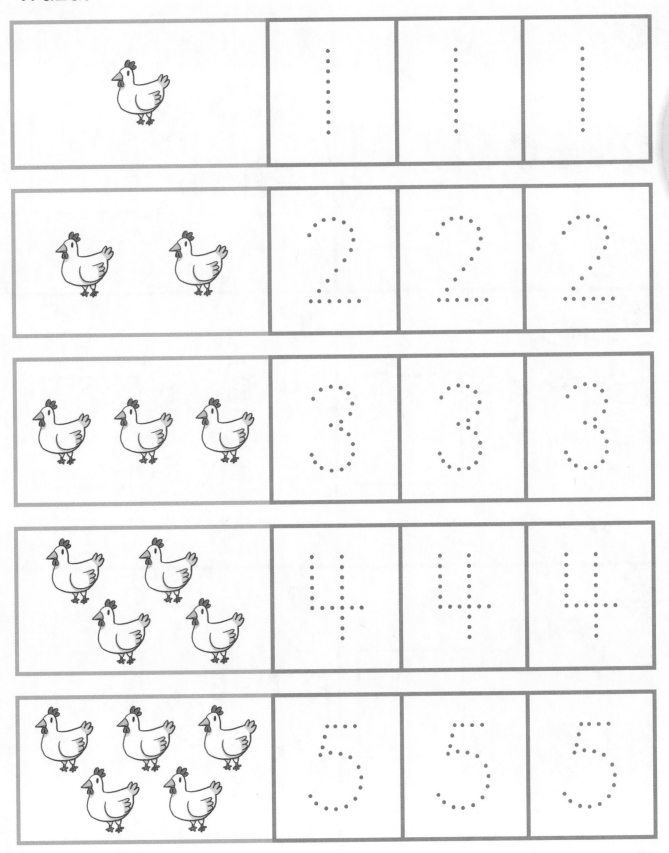

Cuenta y escribe.

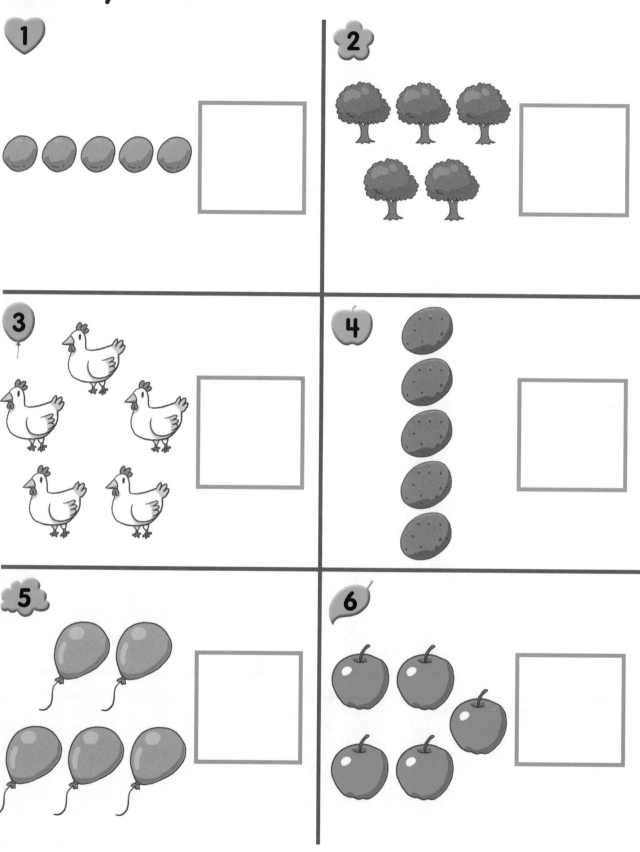

1

2

3

4

5

6

Colorea 5 diferencias.

Encierra en un círculo las diferencias.

¿Qué es diferente?

¡Hay [ ] cosas diferentes!

Lección 1 **Todo sobre el 6**

Empareja.

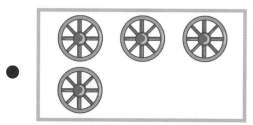

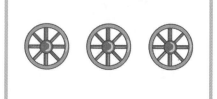

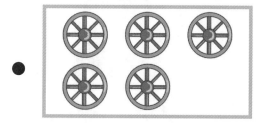

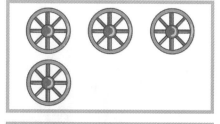

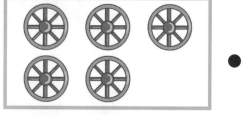

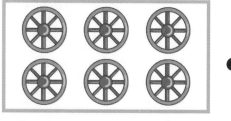

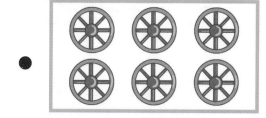

Dibuja.

Traza.

🚩	1	1	1
🚩🚩	2	2	2
🚩🚩🚩	3	3	3
🚩🚩🚩🚩	4	4	4
🚩🚩🚩🚩🚩	5	5	5
🚩🚩🚩🚩🚩🚩	6	6	6

Cuenta y escribe.

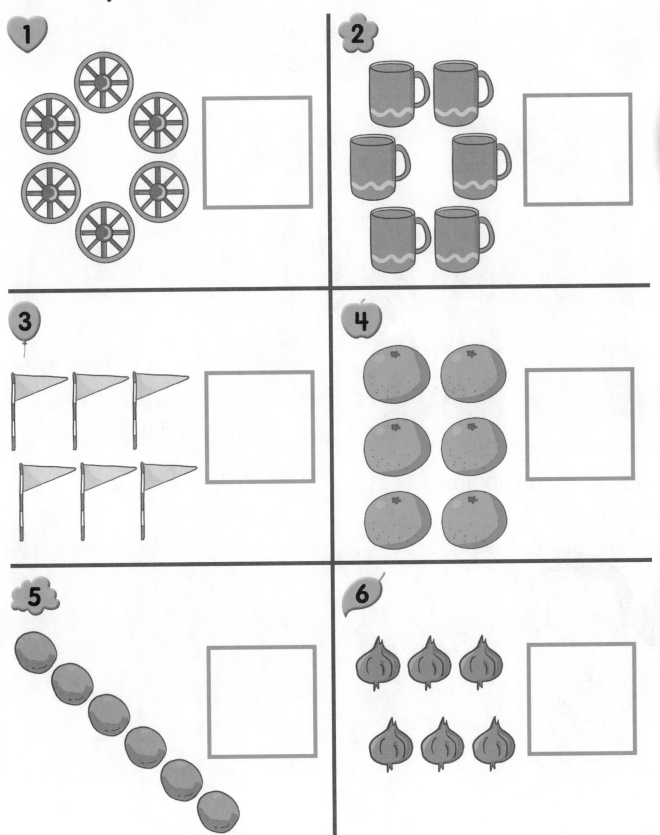

Canta.

En esta colmena de abejas llena las abejas vienen y van.

Son juiciosas y laboriosas y trabajan sin parar.

Pero es mejor no acercarse, pues se pueden enojar.

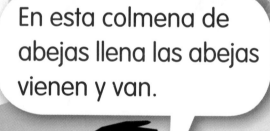

Encierra en un círculo los grupos de siete abejas.

Empareja.

   •   •

   •   •

   •   •

   •   •

   •   •

   •   •

   •   •

Dibuja.

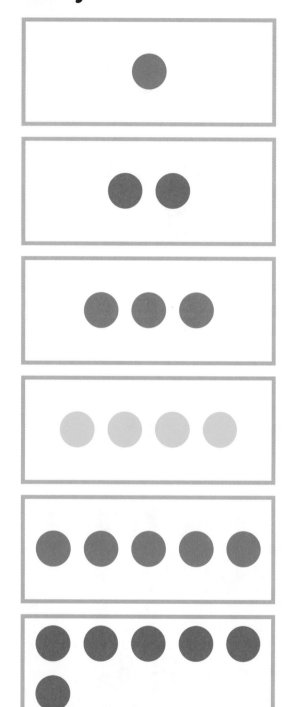

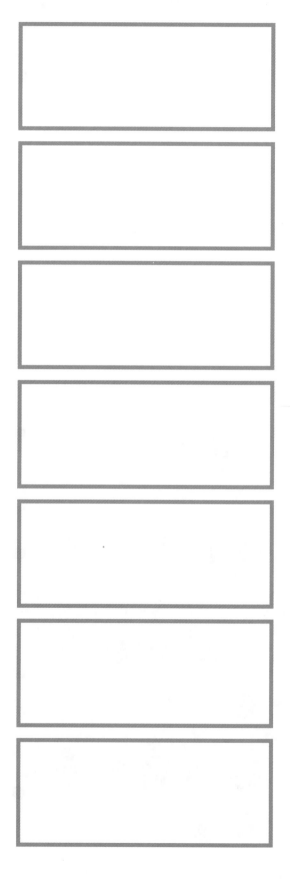

Traza.

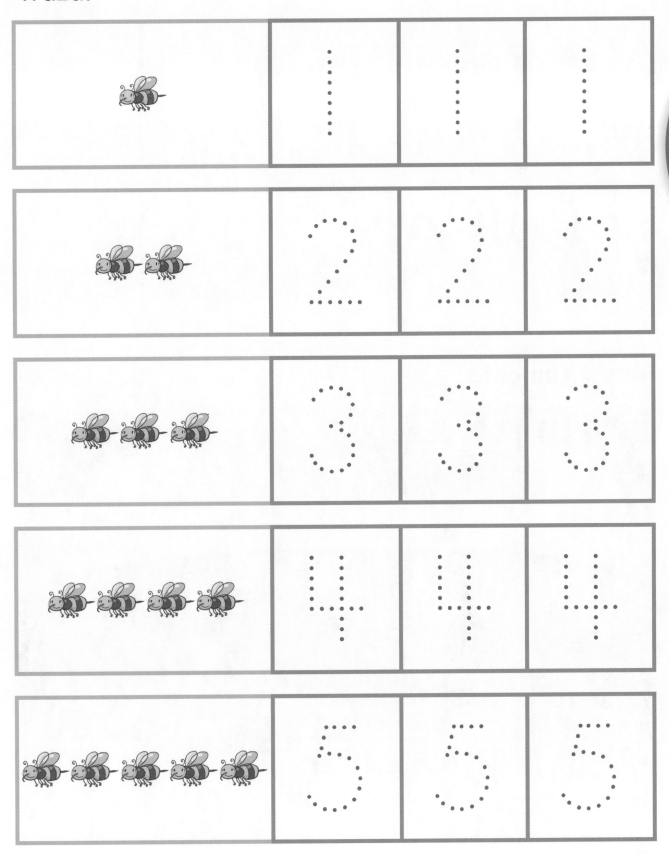

Traza.

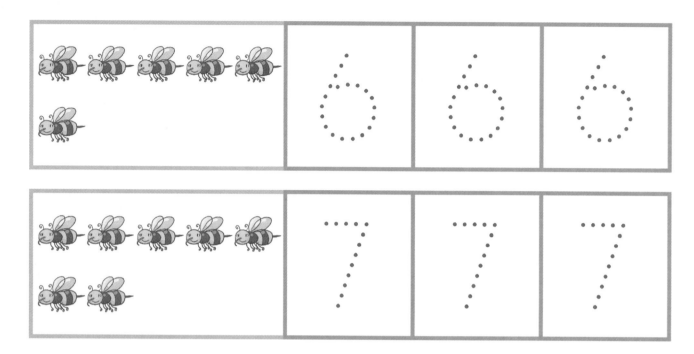

Mira y comenta.

Cuenta y escribe.

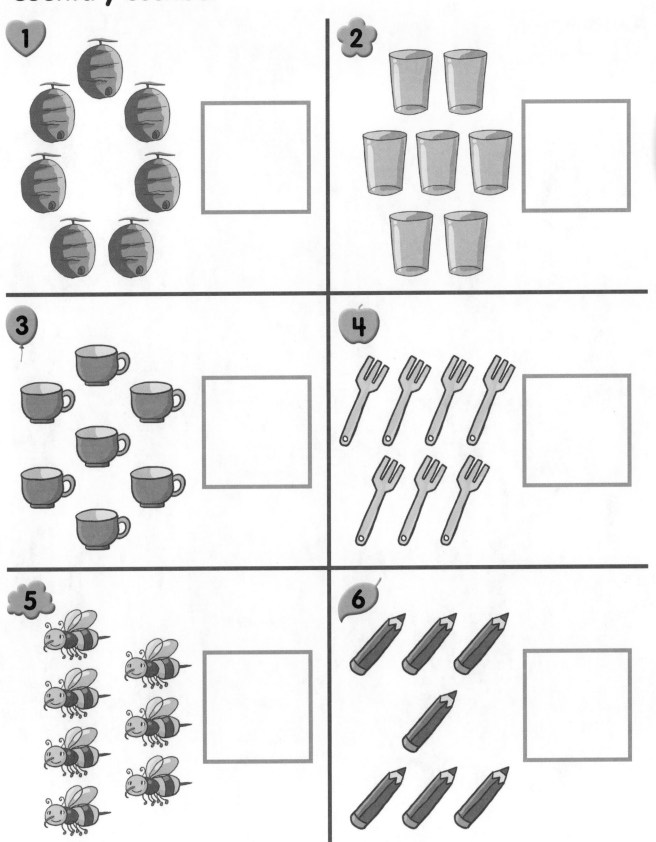

Colorea.

1   2   3   4

5 6 7 8

Dibuja.

Empareja.

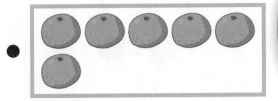

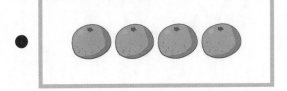

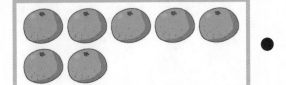

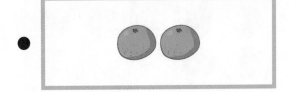

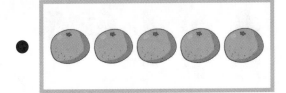

Dibuja.

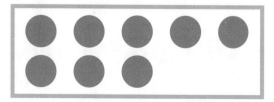

Traza.

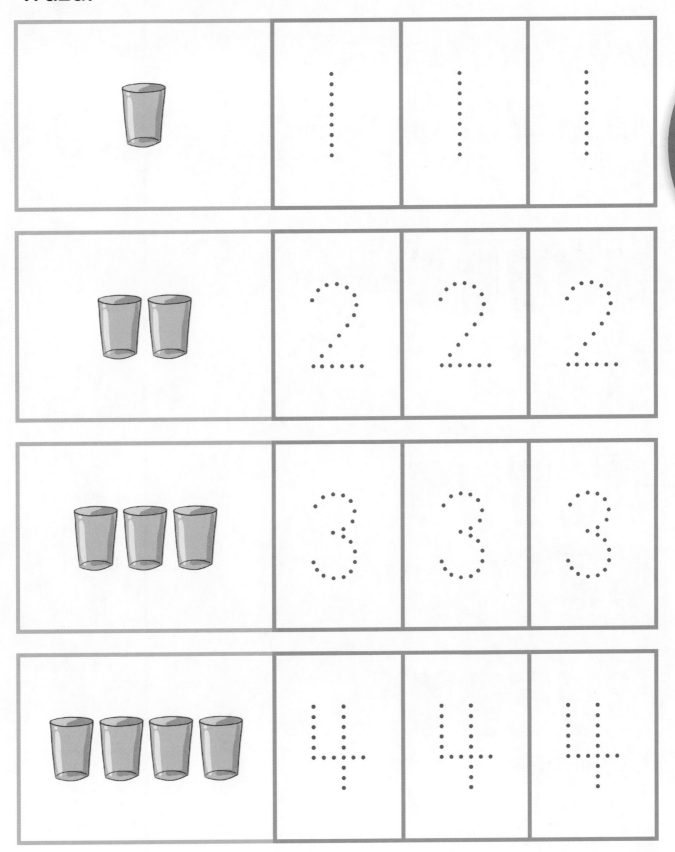

Traza.

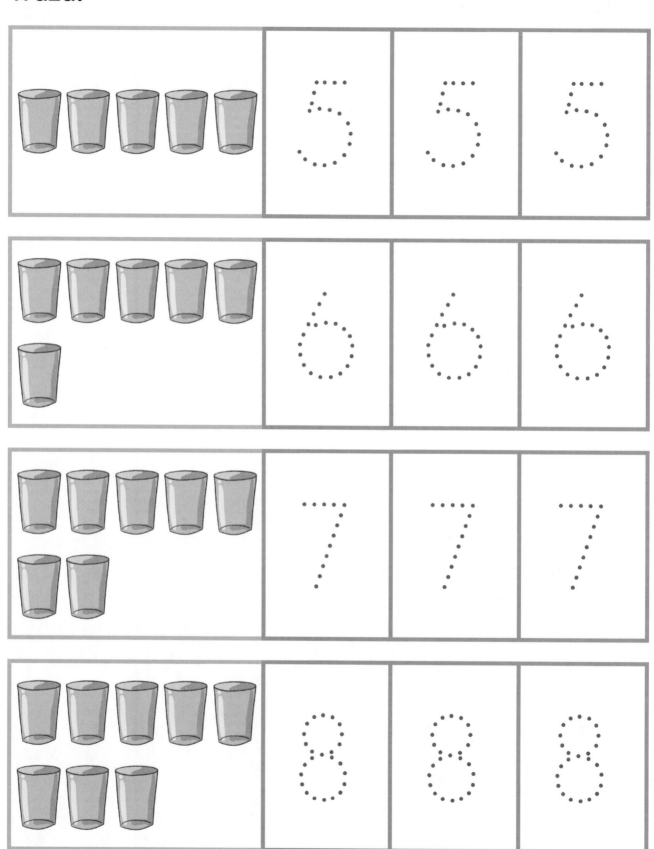

Cuenta y escribe.

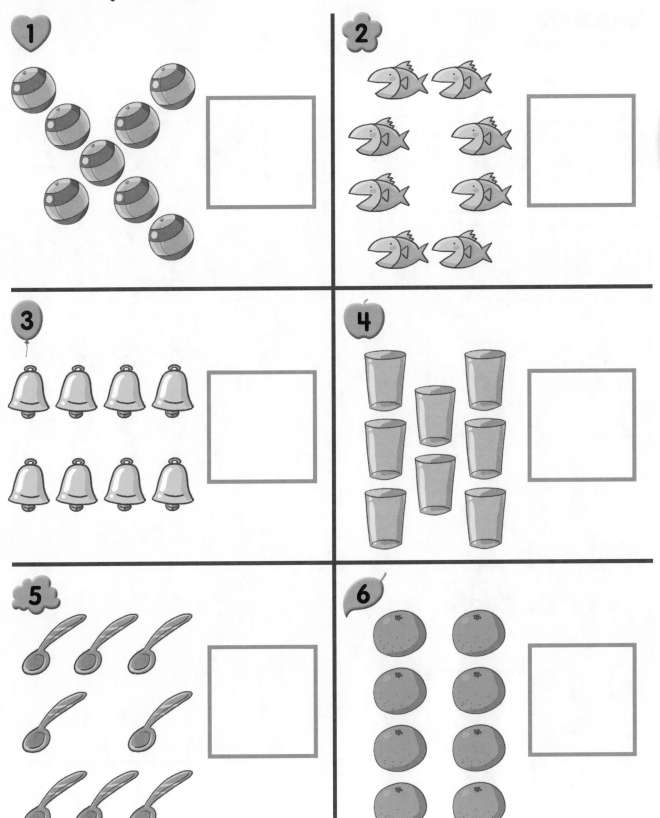

Lección 4 Los números de 0 a 9

Empareja.

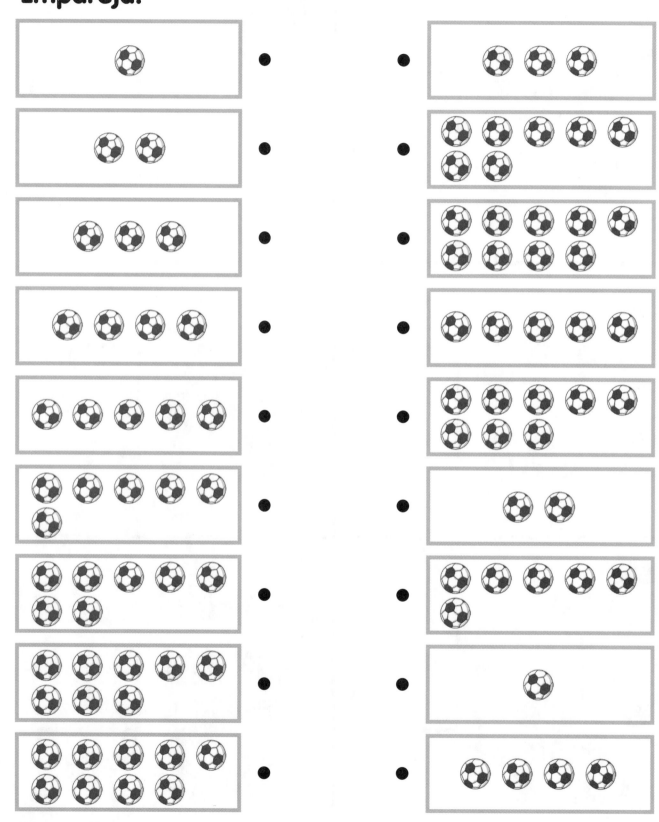

Dibuja.

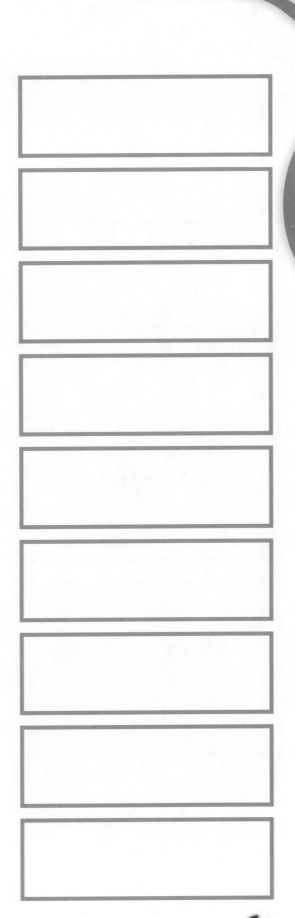

Traza.

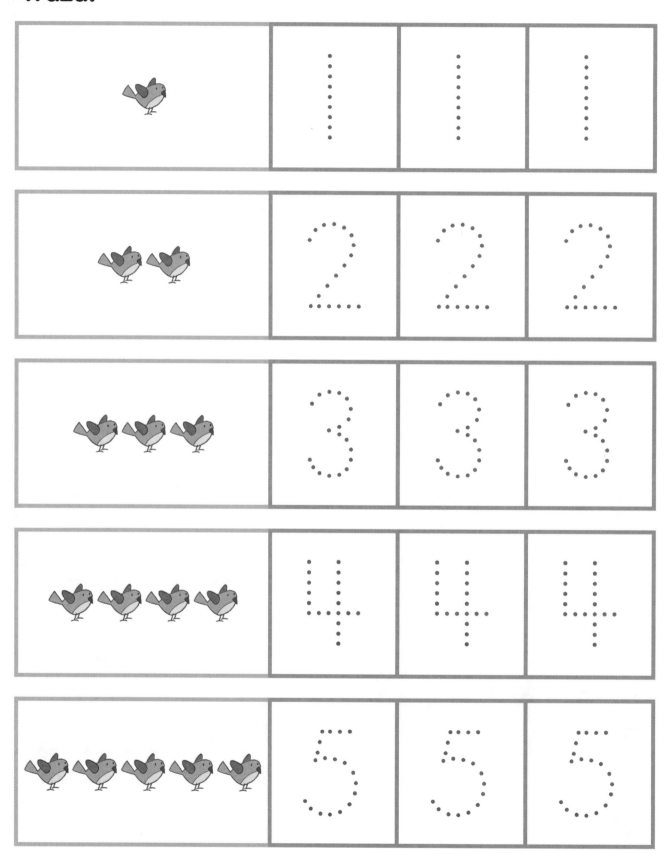

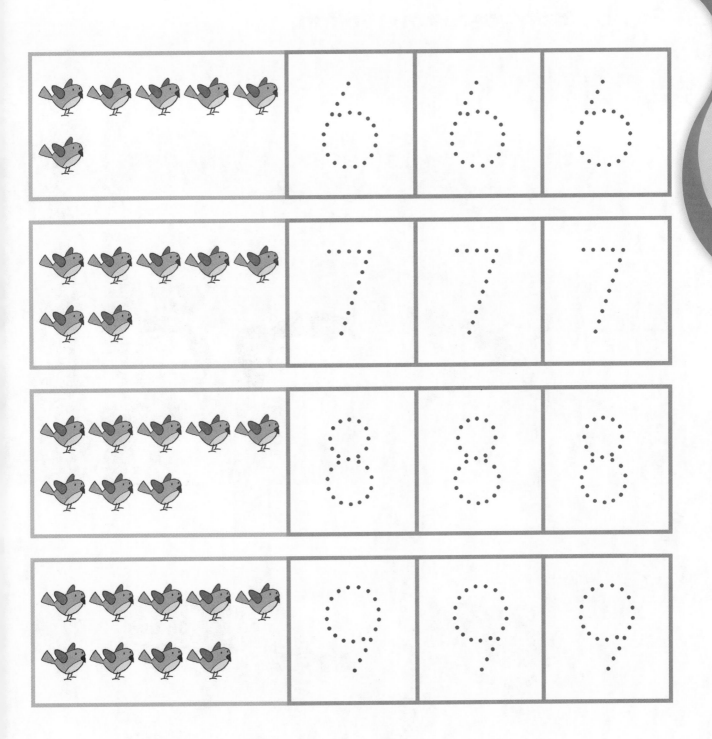

Escribe los números que faltan.

Cuenta y escribe.

3

Cuenta y escribe.

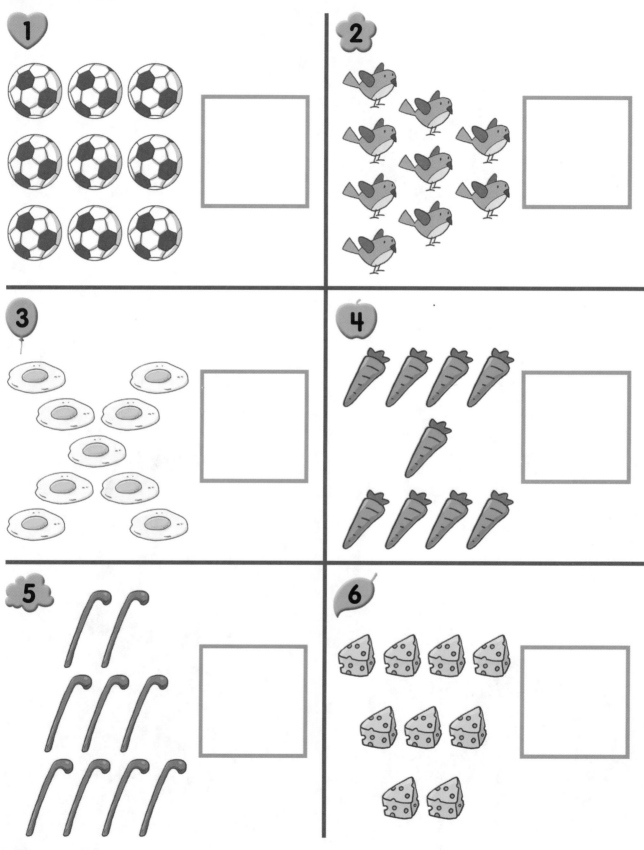

1

2

3

4

5

6

Encierra en un círculo el grupo de 9 jugadores.

Lee, cuenta y encierra en un círculo.

1

2

3

Lección 6   Emparejar: Correspondencia uno a uno

¿Cuáles faltan?
Completa el grupo.

Encierra en un círculo, cuenta y escribe.

1 Hay queso para 6 ratones.

¿Cuántos ratones tendrán hambre? _____

2 3 niños tienen chaquetas.

¿Cuántos niños tendrán frío? _____

3 Hay seis copitas para huevos.

¿Cuántos huevos faltan para llenar todas las copitas? _____

Tapete **1**

Tapete **2**

TAPETE

1

2

3

4

TAPETE